6 juin 1891.

T

COLLECTION DE M. L. G. Gruel

Manuscrits

AVEC MINIATURES

Reliures anciennes, Coffrets

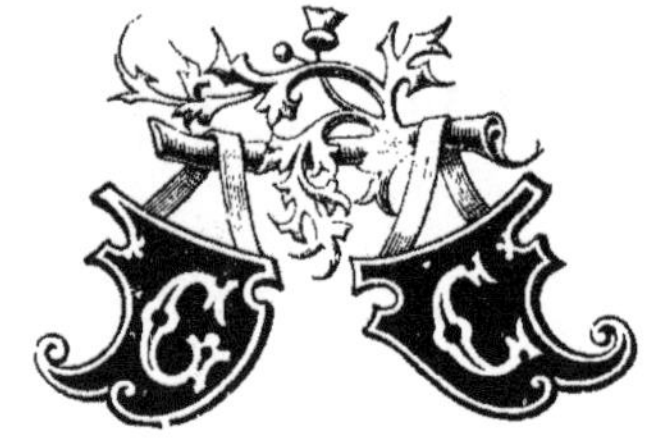

Collection de M. L. G.

CONDITIONS DE LA VENTE

Elle sera faite au comptant.

Les acquéreurs payeront CINQ POUR CENT en plus des prix d'adjudication.

L'exposition mettant le public à même de se rendre compte de l'état des objets, aucune réclamation ne sera admise une fois l'adjudication prononcée.

MM. CH. MANNHEIM et **A. DUREL**, chargés de la vente, rempliront les commissions des personnes qui ne pourront y assister.

AVIS

Les Manuscrits, Reliures et Coffrets, composant la Collection de M. L. G. pourront être examinés chez M. CH. MANNHEIM, du 21 au 27 mai et chez M. A. DUREL, du 28 mai au 3 juin

Il a été tiré un petit nombre d'exemplaires de luxe du présent catalogue avec six planches de reproductions des principales miniatures et reliures. Prix : **10** francs.

CATALOGUE

DE

MANUSCRITS PRÉCIEUX

AVEC MINIATURES

DES XIIIe, XIVe, XVe ET XVIe SIÈCLES

DE RICHES RELIURES ANCIENNES, ETC.

FAISANT PARTIE DE LA COLLECTION DE M. L. G.

Parmi lesquels le Livre d'Heures du pape Alexandre VI Borgia.
Le Livre d'Heures de Daniel Rym et d'Isabeau van Munte (XIVe siècle
Le Buvard de Madame de Pompadour
et deux Coffrets revêtus de cuir doré et ciselé.

DONT LA VENTE AURA LIEU

HOTEL DROUOT, SALLE N° 8

Le Samedi 6 Juin 1891, à 3 heures.

Commissaire Priseur, Me **MAURICE DELESTRE**, 27, rue Drouot

EXPERTS

M. CHARLES MANNHEIM
7, rue Saint-Georges, 7

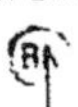

M. A. DUREL, Libraire.
21, rue de l'Ancienne-Comédie, 21

EXPOSITIONS :

PARTICULIÈRE : le Jeudi 4 Juin 1891, de 1 h. 1/2 à 5 heures.
PUBLIQUE : le Vendredi 5 Juin 1891, de 1 h. 1/2 à 5 heures

Jan S. ck

MANUSCRITS

1\. HEURES, en latin et en français; pet. in-8, de 140 ff. : veau fauve, estampages à froid sur les plats. tr. dor.

Très précieux manuscrit sur VÉLIN, du premier quart du XIIIe siècle, orné de QUATORZE GRANDES MINIATURES, de VINGT-QUATRE petites au calendrier et de CENT autres miniatures de dimensions variées, sous forme d'initiales historiées. H. : 153 millim. L. : 110.

Les grandes miniatures sont toutes placées en tête, se faisant face par deux, et le sujet de chacune est indiqué en haut en français. Elles représentent : 1° l'*Annonciation* : la Sainte Vierge est debout ; — 2° la *Visitation* ; la légende porte : *Ci com Nostre Dame et seinte Ysabel s'entrevoient* ; — 3° la *Nativité de Jésus-Christ* : — 4° la *Présentation au Temple* ; — 5° l'*Adoration des Mages* ; — 6° *Jésus au milieu des docteurs* ; — 7° *Jésus aux Noces de Cana* ;— 8° *Jésus en croix* ; — 9° la *Mise au tombeau* ; — 10° l'*Ascension* ; — 11° la *Descente du Saint-Esprit* ; — 12° la *Mort de la Vierge* : — 13° les *Funérailles de la Vierge* ; — 14° le *Couronnement de la Vierge*, par un ange, en présence de Jésus-Christ assis à côté d'elle. Ces miniatures, peintes sur fond d'or en relief, sont d'un grand style à tous les points de vue. Le dessin est d'une pureté étonnante pour l'époque ; l'attitude et les mouvements des personnages sont d'une aisance parfaite, exempte de toute raideur ; les draperies sont souples et arrangées avec goût. Les têtes ont une expression remarquable de vigueur et de vérité. Les contours en sont finement tracés à la plume et le modelé est obtenu par de légères ombres au pinceau. Les chairs sont d'un blanc d'ivoire, relevées parfois au moyen d'un peu de vermillon sur les joues.

On trouvera au Catalogue illustré une reproduction fidèle de la peinture des *Noces de Cana*.

Le calendrier qui vient à la suite est orné à chaque page de deux petites miniatures circulaires, dont l'une offre un sujet approprié au mois et l'autre l'un des signes du zodiaque. Elles sont intéressantes pour les costumes du temps.

Les *Heures de Nostre Dame* (f. 21) commencent par une grande initiale, représentant la *Sainte Vierge avec l'Enfant Jésus*, au pied de laquelle est prosternée une femme en costume de l'époque. — Les miniatures qui suivent ont pour sujets : 2° la *Trinité*, en tête des *Heures del seint Esprit* (f. 46) ; — 3° le *Roi David en prière*, en tête des Sept Psaumes pénitentiaux (f. 51) ; — 4° la *Mort d'un chrétien*, en tête des Vigiles des morts (f. 58) ; — 5° *Job* (f. 63) ; — 6° l'*Ensevelissement d'un mort* (f. 75) ; — 7° *s. Jérôme*, en tête du Psautier de saint Jérôme (f. 87) ; — 8° *Dieu le fils*, devant lequel est prosternée une dame (f. 93) ; — 9° *s. Augustin*, en tête du Psautier de ce saint (f. 94) ; — 10° *Dieu apparaissant à un homme couché dans son lit*, en tête des prières pour les dimanches de l'Avent (f. 99) ; — 11° la *Nativité de Jésus-Christ* (ib.) ; — 12° le *Martyre de saint Étienne* (ib.) ; — 13° *s. Jean l'Évangéliste* (ib.) ; — 14° le *Massacre de Innocents* (ib.) ; — 15° LE MARTYRE DE S. THOMAS DE CANTERBURY (f. 100) ; — 16° la *Circoncision* (ib.) ; — 17° l'*Adoration des Mages* (ib.) ; — 18° DEUX JEUNES GENS PORTANT DES TORCHES ALLUMÉES (f. 101), témoignage d'une ancienne coutume observée le « jor des brandons », qui était le premier dimanche de carême ; — 19° l'*Entrée de Jésus a Jérusalem* (f. 103) ; — 20° l'*Arrestation de Jésus* (ib.) ; — 21° la *Bénédiction de l'eau* (f. 104) ; — 22° les *Saintes Femmes au tombeau de Jésus* (ib.) ; — 23° l'*Ascension* (ib.) ; — 24° la *Descente du Saint-Esprit* (f. 105).

Les *Oroisons de toz les seinz de l'an*, qui commencent au f. 107 verso et finissent au f. 115, offrent toute une série de petites miniatures, à raison de trois, quatre ou cinq par page : 25° le *Martyre de saint André*; — 26° *s. Nicolas*; — 27° *ste Lucie*; — 28° le *Martyre de s. Thomas l'apôtre*; — 29° *s. Silvestre*; — 30° STE GENEVIÈVE; — 31° le *Martyre de s. Fabien et de s. Sébastien*; — 32° les *Corps de ces deux saints*; — 33° le *Martyre de ste Agnès*; — 34° *s. Vincent*; — 35° la *Conversion de s. Paul*; — 36° la *Purification de la Sainte-Vierge*; — 37° plusieurs *Saintes Martyres*; — 38° *s. Pierre*; — 39° *s. Grégoire*; — 40° *s. Benoît*; — 41° l'*Annonciation à la Vierge*; — 42° *s. Étienne prêchant*; — 43° le *Martyre de s. Georges*; — 44° *s. Marc*; — 45° *s. Philippe et s. Jacques*; — 46° l'*Invention de la croix*; — 47° *s. Jean Porte-Latine*; — 48° *s. Barnabé*; — 49° le *Martyre de s. Gervais et de s. Protais*; — 50° une *Scène de la vie de s. Jean-Baptiste*; — 51° *s. Paul et s. Jean-Baptiste*; — 52° le *Martyre de s. Pierre*; — 53° la *Prédication de s. Paul*; — 54° LA TRANSLATION DU CORPS DE S. MARTIN; — 55° les *Sept Frères dormants*; — 56° le *Martyre de ste Marguerite*; — 57° *ste Madeleine oignant les pieds de Jésus*; — 58° *s. Jacques et Jésus-Christ*; — 59° *s. Pierre délivré de prison*; — 60° la *Décollation des Macchabées*; — 61° LA TRANSLATION DES RELIQUES DE S. ÉTIENNE; — 62° le *Martyre de s. Laurent*; — 63° la *Mort de la Vierge*; — 64° le *Couronnement de la Vierge*; — 65° le *Martyre de s. Barthélemy*; — 66° *s. Augustin chassant le démon*; — 67° la *Décollation de s. Jean-Baptiste*; — 68° S. GILLES PROTÉGEANT UNE BICHE CONTRE UN CHASSEUR; — 69° la *Nativité de la Sainte Vierge*; — 70° l'*Exaltation de la Sainte-Croix*; — 71° *s. Corneille et s. Cyprien*; — 72° *s. Mathieu*; — 73° *s. Maurice et la légion thébaine*; — 74 *s. Michel*; — 75° *s. Remy*; — 76° le *Martyre de s. Léger*; — 77° le *Martyre de s. Denis*; — 78° *s. Luc*; — 79° *s. Simon et s. Jude*; — 80° les *Anges de la destruction*; — 81° *Dieu recueillant les âmes*; — 82° *s. Eustache*; — 83° *s. Martin et le démon*; — 84° *s. Brice*; — 85° la *Décollation de ste Cécile*; — 86° l'*Ensevelissement de s. Clément par les anges*; — 87° le *Martyre de ste Catherine*; — 88° un *Apôtre*; — 89° la *Décollation d'un martyr*; — 90° un *Évêque martyr*; — 91° plusieurs *Martyrs*; — 92° un *Évêque*; — 93° un *Abbé*; — 94° plusieurs *Confesseurs*; — 95° une *Vierge martyre*; — 96° plusieurs *saintes Vierges*. — Au f. 118, la (97°) miniature représente *la Vierge avec l'Enfant Jésus* au pied de laquelle est prosterné un saint abbé.

Jusqu'au f. 120 le texte est en latin avec des intitulés rubriqués en français. *Les trente-sept pages qui suivent sont entièrement en français, en vers et en prose*. La première oraison compte 232 vers, dont les premiers sont :

Dex qui Adam e Evein formas
Et de paradis les getas
Por ce que tun conmandement
Trespassèrent si folement...

et les derniers :

Si com cest voir dex in oroison
Aiez hui des jor entendue,
E qu'en pitié me soit rendue.

La miniature (98°) placée en tête représente : *Dieu assis entre deux chandeliers, ayant une dame prosternée à ses pieds.*

La seconde oraison (f. 124), adressée à la Vierge Marie, n'a que 14 vers. La troisième en compte 250, dont les premiers sont :

Bele dame très pie empereriz
Que de fustes e mère e genitriz...

La quatrième a 32 vers et commence ainsi :

Rois de pitié merci te pri
Qui ton cors sai present ici...

Ensuite vient une série d'oraisons en prose, où figurent les deux dernières petites miniatures : ° 99 la *Vierge et l'Enfant Jésus*, et 100° une *Dame en prière*.

Les cinq dernières pages sont en latin. A l'une d'elles se trouve, d'une écriture de la fin du xiii° siècle, une oraison à *Saint Louis de Toulouse*, canonisé en 1297.

Toutes les petites miniatures, qui constituent une riche iconographie du Nouveau Testament, sont très fines et très soignées malgré l'exiguïté de leurs dimensions. Le texte est en outre décoré de plus d'un millier d'initiales en or et en couleurs, et tous les bouts de lignes sont garnis d'ornements très variés. L'ensemble est très riche.

Le caractère paléographique de ce manuscrit démontre qu'il

est bien de la première moitié du XIIIe siècle. Au surplus, l'absence totale, tant au calendrier que dans la litanie et parmi les oraisons spéciales si nombreuses ici, des noms des deux grands saints tels que s. François d'Assise et s. Dominique, dont le premier fut canonisé le 16 juillet 1228 et le second en 1234, prouvent nécessairement qu'il est antérieur à la première de ces dates. D'autre part, certains indices tirés des formes dialectales des textes français et aussi des indications hagiologiques autorisent à penser qu'il fut exécuté dans la région centrale de la France.

En raison de sa date et de sa beauté, il est très précieux au point de vue de l'art national.

2. STATUTS DE L'ORDRE DU SAINT-ESPRIT institué à Naples en 1352, par Louis d'Anjou, roi de Naples et de Jérusalem; in-fol.; maroquin rouge, plats complètement dorés aux petits fers et au pointillé, rinceaux, volutes, fers azurés, encad. de filets droits et courbés; au milieu, une miniature sur cuir d'*Edouard Moreau*, représentant la SAINTE TRINITÉ (*Gruel*.

Manuscrit de 17 feuillets sur VÉLIN. C'est la copie fidèle du superbe manuscrit exécuté pour le roi Louis d'Anjou lui-même, et conservé autrefois au *Louvre* dans le *Musée des Souverains*.

Ces trente-quatre pages renferment QUARANTE-NEUF MINIATURES, grandes et petites, encadrements, bordures, etc., chef-d'œuvre de *Racinet père*.

3. HEURES, en latin et en flamand; pet. in-8 carré, de 183 ff.; veau rouge, avec d'anciens plats estampés à froid enchâssés au milieu, tr. dor., fermoirs en vieil argent.

Remarquable manuscrit sur VÉLIN, exécuté à Gand dans le dernier quart du XIVe siècle. Il est orné de TREIZE MINIATURES à pleine page, de CENT SOIXANTE-CINQ riches bordures, généralement historiées, et de plusieurs centaines d'initiales en or et en couleurs.

H. : 159 millim.

L. : 120 millim.

Ce qui doit surtout attirer l'attention sur lui, c'est que, datant d'une époque où les produits des miniaturistes flamands commencent à peine à se dégager de la barbarie relative du passé, il constitue déjà une œuvre d'art véritable et décèle le germe de toutes les fines qualités qui ont valu une si belle place à l'art expressif de cette école.

Le volume débute directement par la première miniature dont le sujet est l'*Annonciation*. La Vierge, vêtue, comme toujours, d'une robe bleue, est agenouillée à droite devant un prie-Dieu placé sous un baldaquin. Elle est d'une grâce et d'une beauté parfaites. L'artiste a rendu avec une singulière vérité le sentiment d'absorption intime qu'elle éprouve à la révélation que lui fait l'archange, un genou en terre, appuyant le doigt indicateur d'une main sur celui de l'autre, comme pour bien marquer la précision avec laquelle il transmet son message. Dieu le Père apparaît dans le ciel au milieu d'une gloire de chérubins, et l'idée du mystère de la conception est exprimée ingénieusement par un petit enfant portant une croix, qui descend vers la Vierge sur un faisceau de rayons sortant de la main divine. C'est un petit tableau complet et charmant.

La seconde miniature (f. 41) a pour sujet la *Rédemption*. Dieu le fils, le buste à découvert, est assis sur un arc-en-ciel, les pieds posés sur le globe du monde. Deux anges dans les airs sonnent de la trompette, et dans le bas les morts surgissent de leurs tombes, sous les traits de jeunes enfants.

La troisième (f. 61) représente la *Vierge glorieuse allaitant l'Enfant Jésus*. Elle est assise au centre d'un rayonnement de gloire, les pieds posés sur un croissant, et deux anges se tiennent à ses côtés, tandis que six autres voltigent dans la bordure de l'encadrement.

La quatrième (f. 106) nous met sous les yeux l'*Arrestation de Jésus au jardin des Oliviers*, scène à huit personnages, pleine de mouvement. Le Christ, visiblement accablé par de tristes pensées, a une expression douloureuse. Pour mieux marquer la personnalité morale du traître Judas, l'artiste lui a donné un visage de couleur sombre qui contraste vivement avec la figure lumineuse de Jésus. Toutes les têtes d'ailleurs sont très caractérisées.

La cinquième miniature (f. 109) nous montre l'*Homme de douleurs*, debout dans son tombeau et entouré de tous les emblèmes de la Passion. La tête du Christ est remarquablement expressive.

La sixième (f. 111), la *Flagellation*, offre un aspect particulièrement riche en raison de son bel encadrement, formé d'une bordure à fond d'or remplie d'ornements feuillagés et de petites têtes aux angles, combinée avec une décoration dracontine occupant l'espace intermédiaire.

La septième (f. 113), le *Portement de croix*, est une composition à onze personnages.

Dans la huitième (f. 115), *Jésus en croix*, il y a à remarquer la belle tête de saint Jean. Cinq anges dans la bordure.

La neuvième (f. 117) a pour sujet la *Descente de croix*. On y rencontre un rare et curieux détail du costume, les chaussures de de saint Joseph d'Arimathie, consistant en simples planchettes de bois s'adaptant aux pieds au moyen de doubles courroies. Au bas de cette miniature, dans la marge, est représentée la *Sainte Face*, d'une grande finesse d'exécution. A chacun des angles de la bordure est un ange à genoux.

La dixième (f. 158) donne les figures de *saint Jean-Baptiste* et de *saint Pierre*; — la onzième (f. 160), celles de *saint Christophe* et de *saint Antoine l'ermite*. Elles sont d'une autre main et plus faibles que les autres.

La douzième (f. 165) mérite une attention particulière. Elle représente *saint Corneille*, pape et martyre, et *saint Liévin*. Le premier, coiffé d'une tiare pointue, tient de la main gauche une croix pastorale et de la droite une corne. Le second, mitré et crossé, a dans la main droite des tenailles avec une langue arrachée, emblème de son martyre. Cette miniature a été peinte avec infiniment de soin et c'est l'une des plus belles. On en trouvera une reproduction au Catalogue illustré; l'encadrement est celui de la sixième miniature.

La dernière (f. 168) nous montre *Daniel dans la fosse aux lions*. Le prophète émerge à mi-corps d'une enceinte en maçonnerie pourvue de fenêtres grillées et d'embrasures, et veillée par un gardien vue de dos, assis sur la dalle du pourtour et abrité par un énorme bouclier en forme de masque humain. La figure juvénile de Daniel est d'une grâce singulière, et il est coiffé d'un bonnet rouge pointu à revers bleu. Autour de lui, sept lions à la crinière dorée, auxquels l'artiste a donné l'apparence de doux agneaux pour exprimer le miracle de cette légende biblique. Un ange planant dans la bordure supérieure tient suspendu par les cheveux, au-dessus de la fosse, le prophète Habacuc chargé par Dieu d'apporter des provisions de bouche au prisonnier.

Saint Daniel était évidemment le patron du personnage pour lequel ce manuscrit a été exécuté, car celui-ci y est représenté en prière dans la marge latérale, et une banderole placée à côté de sa tête porte l'inscription : *Sancte Daniel ora pro nobis!* Nous verrons plus loin de qui il s'agit.

Cette partie du volume offre encore d'autres figures de saints, de petites dimensions, dispersées dans les bordures en regard du texte correspondant, telles que : *s. Jean-Baptiste, s. Jean l'Évangéliste, s. Corneille, s*[te] *Catherine, s. Macaire.*

L'origine gantoise de ce manuscrit n'est pas douteuse. Les images des principaux patrons de la ville de Gand, tels que s. Jean-Baptiste, s. Macaire, s. Corneille, et surtout celle de s. Liévin, ainsi que les prières spéciales insérées dans le Propre des Saints, en font foi. Son âge peut être déterminé avec assez de précision. Comme on y mentionne (f. 120) certaines indulgences accordées par le pape Benoît XII, mort en 1334, il est forcément postérieur à cette date, et les traits caractéristiques de son art, surtout de son ornementation, prouvent qu'il est antérieur à la fin du xive siècle. En effet, l'introduction des éléments décoratifs empruntés à la nature, qui jouent le rôle principal vers cette dernière période et constituent le propre de l'école flamande, se manifeste à peine dans notre manuscrit. La faune en est totalement absente (à l'exception d'un lion), et la flore n'y est représentée que bien timidement, par de petites fraises et par des fleurettes, jetées çà et là au milieu d'une décoration conventionnelle assez complexe. Les encadrements des miniatures sont formés quelquefois de rinceaux multicolores ou de branchages sur un fond d'or éclatant, mais le plus souvent ils sont composés de sarments filiformes de vigne vierge, égayés par l'adjonction d'anges et de figurines. Les bordures des pages en regard offrent généralement le même caractère. Les autres, qui, pour la plupart, n'enserrent le texte que sur trois côtés, sont plus simples, mais aussi plus intéressantes. Communément, ce sont des listels d'or verticaux le long desquels courent des branchages s'épanouissant sur les marges et accompagnés de chimères dracontines et de grotesques. Dans nombre d'endroits, l'ingénieux ornemaniste a semé de petites figures d'hommes, de femmes et d'enfants, d'un grand charme et d'une variété infinie. Les fonds des miniatures témoignent également de l'antériorité de ce manuscrit à l'extrême fin du XIVe siècle. Dans presque toutes, ce sont encore des mosaïques échiquetées ou losangées, très riches d'effet. Le paysage n'apparaît que dans quatre d'entre elles, et encore à l'état rudimentaire, sous forme d'un arbre isolé et de quelques rochers, et il n'est accentué que dans celle du *Portement de croix*, la seule où soit figuré un ciel, et où l'artiste se montra bon patriote, en plaçant, sur l'un des monticules avoisinant le Golgotha, un moulin à vent!

La presque totalité de ces miniatures émanent d'un artiste d'une haute valeur, contemporain de ses compatriotes célèbres dans le même art : Jean de Bruges, André Beauneveu et Jean de Hasselt. La science anatomique ne lui est pas encore complètement familière, les proportions ne sont pas toujours observées, mais on n'y remarque aucune défectuosité choquante. Tant qu'il reste emprisonné dans des formules hiératiques, ses figures ne sont pas exemptes de raideur; mais, dès qu'il se sent plus libre, son dessin devient presque parfait, témoin l'adorable petit Jésus allaité par sa mère, peint sûrement d'après un modèle et dont on ne trouverait peut-être pas un exemple aussi beau dans les œuvres des miniaturistes flamands antérieurs. Mais ce qui frappe plus particulièrement, c'est la suavité du type de la Vierge, c'est la fermeté du dessin et du modelé des autres têtes, c'est surtout leur individualisation et la recherche de l'expression vraie. Le coloris est doux et harmonieux.

On est tenté de voir la main du même artiste dans certaines figurines qui agrémentent les bordures et qui accusent beaucoup de liberté, de finesse et d'esprit. C'est tout un monde pris sur le vif et bien vivant, présenté de la façon la plus pittoresque, tantôt au naturel, tantôt sous l'apparence de grotesques. Nous y trouvons encore d'intéressants costumes populaires (ff. 24, 27, 32, 36, 37, 72, 82, 91, 99, 110, 112, 113, 159, 180), religieux (ff. 56, 150) et militaires (ff. 89, 149), des joueurs de dames (f. 42), etc., et, parmi les nombreuses têtes expressives, nous signalerons celles des ff. 5, 19 et 34. A la marge du f. 27 est représenté un valet de ferme, en curieux costume, buvant à une cruche. Une banderole placée à côté de lui, porte en flamand cette inscription dont nous ne saisissons pas l'allusion : « J'irai faire la litière des chevaux; à l'occasion, je préfère boire de la bière ».

L'élément tendre n'est pas exclu de cette galerie réaliste, et l'on voit, en regard même de l'image du *Portement de croix*, un chevalier et une dame s'embrassant avec ferveur. On peut aussi y passer en revue tous les instruments de musique, placés entre les mains des anges.

Les peintres qui ont concouru à l'exécution de ce charmant livre d'heures étaient assurément des artistes de Gand même, la première cité flamande où se soit constituée une corporation de peintres et de sculpteurs, dès 1337. Nous en avons d'ailleurs la preuve matérielle, car le personnage qui en fit la commande et que nous avons vu en prière devant saint Daniel appartenait à une illustre maison de Gand. A deux endroits du volume (ff. 42 et 120), ses armoiries sont peintes isolément : *d'or au léopard lionné de gueules, armé, lampassé et couronné d'azur*; deux fois aussi (ff. 18 et 42), elles sont *parties* de celles de sa femme : *d'or à trois lions de sable; au franc-quartier du même chargé d'une fleur de lis d'argent.* Les premières sont celles de la famille chevaleresque RYM, fondue au siècle dernier dans les Montmorency-Logny; les secondes s'appliquent à celle de VAN MUNTE, à laquelle les Rym s'allièrent plusieurs fois. (Nous devons cette identification d'armoiries à M. le comte de Limburg-Stirum, Sénateur du royaume de Belgique et membre du Conseil héraldique.) Or, comme d'après les renseignements qui nous ont été obligeamment communiqués par M. Henri Hymans, Conservateur à la Bibliothèque royale de Bruxelles, un Daniel Munte épousa, dans le dernier quart du XVIe siècle, Isabelle ou Elisabeth van Munte, il ne peut s'agir que d'eux, attendu que dans le Propre des Saints, il y a précisément deux oraisons caractéristiques à cet égard, l'une à Ste Elisabeth, mère de S. Jean-Baptiste, l'autre à Ste Elisabeth de Thuringe, circonstance qui tranche la question de l'origine de ce volume. L'épouse de Daniel Rym est aussi représentée, plusieurs fois même, sur les marges de notre manuscrit, notamment au f. 62, à genoux sur un coussin d'or, adressant des prières à la Sainte Vierge. On trouvera au Catalogue illustré des fac-similés de ces deux portraits. Comme les deux époux sont représentés tout jeunes, on peut conjecturer que ce livre d'heures a été fait à l'occasion de leur mariage, aux environs de l'an 1390.

On voit donc l'intérêt multiple qu'offre ce précieux petit volume. Ajoutons que les manuscrits flamands de cette date et de cette qualité sont d'une rareté insigne et que c'est peut-être pour la première fois qu'on en voit un passer en vente.

4. RECUEIL DES TRAITÉS DE DÉVOTION, en prose et en vers; gr. in-4, de 205 ff.; ais de bois de la reliure primitive, tr. dor.

acheté par le Duc d'Aumale Chantilly n. 1687

Précieux manuscrit français de la seconde moitié du xive siècle, sur VÉLIN, écrit sur deux colonnes de 24 lignes, en belles lettres de forme, et orné de VINGT-DEUX MINIATURES. H. : 26 cent. L. : 18 cent.

Son contenu est absolument identique à celui du volume qui, de la collection de M. Ambroise Firmin-Didot (vente de 1882, n° 33), a passé à la Bibliothèque nationale, et que le directeur de cet établissement, M. L. Delisle, avait reconnu pour avoir appartenu aux rois Charles V et Charles VI.

Le nôtre comptait à l'origine 226 ff., mais il lui en manque 21, dont nous avons tenu compte au chiffrage. Les morceaux qu'il renferme sont au nombre de dix-neuf, dont six en vers. En voici l'indication :

I. — *Le Legilogue*, ou traité des commandements de la loi, où les préceptes moraux sont accompagnés d'historiettes, en guise d'exemples à suivre. Il est incomplet de neuf ff. (6 et 9 à 16).

II. — *Dialogue* (f. 44 v°) entre le père et le fils sur les vérités de la fin, les sacrements, etc. Incomplet de six ff. (74 à 79).

III. — *Les Six Degrés de charité* (f. 108 v°), « par quoi l'en monte à la souverainne pais de conscience et à souverainne perfection, qui sont entendus espirituelment par la figure et par la similitude des VI degrés par quoi l'en montoit corporelment au throne Salemon ».

IV. — *Traité des « noveletez du monde »* (f. 113), auquel les trois innovations d'alors : les *chançons hoquetées*, les *robes boutonnées* et les *chauces coulourées*, servent de point de départ. Il s'y trouve intercalé le récit de la fondation de l'ordre des Chartreux, et l'auteur déclare avoir consigné cette légende : « selonc ce que *je oy raconter* devant ma dame LA CONTESSE DE SAINT-POL », qui était Mahaut de Châtillon, femme de Gui de Luxembourg, morte en 1378.

V. — *Les Enseignements de Saint Louis à son fils* (f. 119).

VI. — *Lettre adressée par un religieux à un jeune noble*, pour lui apprendre à se confesser (f. 125 v°).

VII. — *Sept Pétitions dévotes* (f. 137 v°). Incomplet d'une page (f. 140 r°).

VIII. — *Les Quinze Joies Notre-Dame* (qui commençaient au f. 140 v°, absent), dont l'auteur présumé est la comtesse de Saint-Paul citée plus haut. Incomplet d'un f. (141).

IX. — *Le Conte des trois chevaliers et des trois livres* (f. 144).

X. — *Livre de vie et l'aiguillon d'amour et de dévotion* (f. 152), dans lequel se trouvent intercalés trois contes : *Des Trois Lois, des Trois Pierres, des Quatre Vins.*

XI. — *Traité du Saint-Esprit* (f. 182 v°).

XII. — *Poème mystique du rossignolet* (f. 192), composé de soixante-dix-neuf huitains.

XIII. — *Oraison de la Passion, rimée* (f. 201), pièce de treize vers.

XIII. — *Oraison à Notre-Dame* (f. 201 v°), pièce de quarante-huit vers.

XV. — *Petit Traité d'amour, en rime* (f. 202), poème de 112 vers.

XVI. — *Petit Traité de Notre-Dame* (f. 204) « que m'aprist mon seigneur DE SAINT-POL, que Dieu absoille ». (C'est Gui de Luxembourg, mort en 1371.) Pièce de 48 vers.

XVII. — *Le Salut que l'ange Gabriel apporta à la Sainte Vierge* (f. 205), pièce de 12 vers.

XVIII. — *Les Enseignents* (f. 205), « que une grant dame et sainte dame envoia par une lettre à une seue bone amie en Nostre Seigneur Ihesucrist » traité dont l'auteur est probablement la comtesse de Saint-Paul.

XIX. — *La Dédication ou sanctification de l'âme* (f. 211 v°), long traité en prose, dont les quatre derniers feuillets manquent.

L'auteur et en partie le compilateur de ce recueil, dont la rédaction se place entre les années 1371 et 1378, était probablement un chapelain attaché à la personne du comte et de la comtesse de Saint-Paul, père et mère, entre autres, de Waleran de Luxembourg, connétable de France, et de saint Pierre de Luxembourg, cardinal.

Les miniatures ont pour sujets : 1° le *Père éternel paraissant dans un nuage pour révéler ses volontés au peuple juif* (f. 1); — 2° *Un Père enseignant son fils* (f. 44 v°); — 3° le *Baptême* (f. 45); — 4° la *Confession* (f. 82); — 5° le *Mariage* (f. 85 v°); — 6° l'*Extrême-Onction* (f. 87 v°); — 7° *Salomon sur son trône* (f. 109); — 8° *Groupe de cinq chanteurs* (f. 113); — 9° SAINT LOUIS DONNANT DES ENSEIGNEMENTS A SON

FILS (f. 119 v°); — 10° *Un Religieux remettant une lettre à un messager* (f. 126); — 11° *Jésus-Christ assis sur le trône environné des emblèmes des quatre évangélistes* (f. 137 v°); — 12° *Jésus en croix entre la Vierge et s. Jean* (f. 139); — 13° *Trois Chevaliers revenant du tournoi* (f. 144); — 14° *les mêmes traversant un bois* (f. 144 v°); — 15° *les mêmes se communiquant leurs pensées* (f. 145); — 16° *les mêmes revêtant l'habit religieux à l'entrée d'un couvent* (f. 146 v°); — 17° *le plus âgé des chevaliers sermonnant les deux autres qui veulent quitter le couvent* (f. 147 v°); — 18° *une Dame agenouillée devant une bannière sur laquelle est représenté Jésus en croix* (f. 152); — 19° *la Cité de l'âme* (f. 182 v°); — 20° *Jésus en croix et, à côté, un rossignol perché dans un arbre;* une dame prie à genoux au pied de la croix, et, à droite, un clerc assis tenant un rouleau (f. 192); — 21° *une Dame remettant une lettre à un messager* (f. 205); — 22° *un Homme, vêtu de blanc, à genoux, ayant auprès de lui un ange debout* (f. 211 v°).

Ces miniatures sont, pour la plupart, fort remarquables, tant pour leur composition que pour leur dessin. Celle représentant le roi saint Louis donnant des enseignements à son fils est d'un beau caractère et très expressive. Leurs manteaux sont semés de fleurs de lys, et le fond en damier est également fleurdelysé. Les peintures du Conte des Trois Chevaliers offrent un intérêt particulier pour certains détails des armures. Le volume entier, avec ses belles initiales en or et en couleurs, est d'un aspect fort riche, et il a dû être fait pour un personnage considérable.

A la première page des feuillets de garde, on lit, d'une main du XVIIe siècle, la signature : *De Saultré*, et à la quatrième page est collé un écusson d'armoiries gravé, de la même époque : *d'argent à la croix dentelée de sinople, cantonnée de quatre aigles du même.*

5. HEURES, en latin; pet. in-8, de 168 ff.; plats originaux en mar. brun estampés à froid, enchâssés dans une reliure moderne, tr. dor., fermoirs en cuivre.

Très intéressant manuscrit sur VÉLIN, exécuté en France vers le milieu du XVe siècle. Il est écrit en beaux caractères, à quinze lignes à la page pleine, et richement décoré.

Les MINIATURES sont au nombre de TRENTE-SEPT : 1° *s. Jean l'Évangéliste;* — 2° *Jésus en croix;* — 3° la *Descente du Saint-Esprit;*

— 4° l'*Annonciation à la Vierge*; — 5° la *Visitation de s^te Elisabeth*, au milieu d'un paysage avec rivière, châteaux, etc.; — 6° la *Nativité de Jésus-Christ*; — 7° l'*Adoration des rois Mages*; — 8° la *Présentation au Temple*; — 9° le *Massacre des Innocents devant le roi Hérode*; — 10° le *Roi David en prière* (curieux paysage); — 11° la *Résurrection de Lazare* (peinture plus particulièrement intéressante); — 12° *s. Michel*; — 13° l'*Ange gardien*; — 14° le *Couronnement de la Vierge*; — 15° *s. Jean-Baptiste*; — 16° *s. Jean l'Evangéliste à Patmos*; — 17° *s. Pierre et s. Paul*; — 18° le *Baptême de Jésus-Christ*; — 19° *Jésus devant Caïphe*; — 20° la *Messe de saint Grégoire*; — 21° le *Martyre de s. Sébastien*; — 22° *s. Adrien*; — 22° *s. Antoine l'Ermite*; — 23° *s. Nicolas*; — 24° *s. François aux stigmates*; — 25° s. HUBERT; — 26° *s^te Marie-Madeleine* lisant dans une chambre; — 27° *s^te Catherine*; — 28° *s^te Barbe*; — 29° *s^te Marguerite*; — 30° la *Toussaint*; — 31° s. FERRÉOL (*Ferieul*); — 32° s. GUISLAIN (*Gillain*); — 33° *s. Maure*; — 34° *s. Fiacre*; — 35° *s. Jérôme*; — 36° *s^te Agathe*; — 37° *s^te Apolline*.

Ces miniatures, généralement d'un très bon dessin et d'une facture large, ont souvent beaucoup d'expression et sont intéressantes pour de nombreux détails d'architecture, de mobilier, de costume civil et militaire, etc. On y remarque des tentures richement décorées. Chacune de ces pages porte sur trois côtés un encadrement de rinceaux, de fleurs et de fruits, d'un agencement varié, auxquels l'artiste a associé des oiseaux, des quadrupèdes, des papillons, des grotesques, des anges et des figures réelles. Ces dernières sont parfois le complément du sujet de la miniature correspondante, comme par exemple : la *Tentation de saint Antoine*, représentée dans les bordures de l'image de ce saint; un *Piqueur et un chien de chasse*, dans celles de s. Hubert. Le tout est d'une exécution soignée. Les pages de texte sont toutes ornées de bordures latérales et d'une profusion d'initiales en or et en couleurs.

Dans un médaillon ménagé dans l'encadrement de l'image de s^te Madeleine, on lit : *I s* (?) *suis*, ce qui doit signifier sans doute que ce manuscrit a été fait pour une Madeleine. Sur l'une des gardes, en tête du volume, est écrite cette mention : « Ce curieux livre d'Heures, qui paraît avoir été peint pour une Madelène DE MAILLY, avait appartenu au maréchal. »

Il est très frais et a de belles marges.

6. **HEURES**, en latin; in-8, de 220 ff. dont les 13 derniers blancs; plats originaux en mar. noir estampés à fr., enchâssés dans une reliure moderne à biseaux, tr. cis. et dor., fermoirs, signet original travaillé à la main.

Splendide manuscrit de la fin du xve siècle, sur vélin, exécuté par des artistes de l'École de Bruges, et ayant appartenu au célèbre pape ALEXANDRE VI BORGIA, dont il porte les armes.

Il est orné de VINGT-QUATRE PETITES MINIATURES au calendrier, de SEIZE PEINTURES à pleine page et de DIX-HUIT MINIATURES moyennes avec des figures de saints, sans compter les SOIXANTE-QUATORZE ENCADREMENTS. H. : 188 millim. L. : 132 millim.

Le volume débute, au verso du premier feuillet, par un calendrier en vingt-quatre pages, écrit en noir avec un petit nombre de lignes en rouge. Il est très sobre en indications hagiologiques, qui ne dépassent pas en tout le nombre de cent-vingt, de sorte que les deux tiers des lignes sont restés en blanc. Au surplus, il est dépourvu de caractère topique, car on n'y remarque que fort peu de saints et de saintes dont le culte est plus spécial aux Flandres. Cette réserve était toute naturelle dans un volume destiné au chef spirituel de toute la chrétienté.

Chacune des pages du calendrier est renfermée dans un large encadrement d'une ornementation variée. Celui du mois de janvier est purement architectural, de style gothique, offrant des arcatures, des frontons avec niches ornées de statues, de péristyles, le tout en camaïeu or avec des ouvertures en rouge. La décoration des autres pages est empruntée totalement au monde animal et végétal, surtout à la flore locale, et généralement elle est en rapport avec le mois correspondant. Ceux du mois de septembre sont formés d'un treillage où s'enlacent des ceps de vigne garnis de grappes de raisins et dans les compartiments duquel sont logées de nombreuses grives. L'encadrement des pages du mois de novembre est très original, d'un agencement fort pittoresque et attestant un rare sentiment du décor. A la première se développent gracieusement des branches vertes munies de glands de chêne et dont le feuillage est remplacé par des rinceaux roses et blancs. A l'une de ces branches est suspendu un trébuchet à compartiments superposés, avec un oiseau appelant et un autre sur le point de donner dans le piège. D'autres oiseaux sautillent à l'entour. A la page en regard, le haut est orné de branches à rinceaux semblables aux précédents et d'une tige de chardons fleuris. Dans le montant de gauche figure un petit arbre auquel est accroché un trébuchet d'un autre genre, tandis que du côté opposé est représentée la chasse aux oiseaux, *à l'arbret*, au moyen de la chouette et de la glu. L'encadrement du mois de décembre consiste en beaux rinceaux glandés et en festons de verdure avec fruits; dans chacun des montants extérieurs est placé un flambeau entouré de fleurs et garni d'un cierge allumé. Au surplus, dans la bordure inférieure de chaque page est enchâssée une petite miniature symbolisant d'un côté le caractère du mois, et offrant de l'autre le signe respectif du zodiaque. Les premières ont pour sujets : *Un Seigneur à table devant un feu de cheminée; un Paysan taillant des arbres; un Paysan bêchant la terre dans son enclos; un Berger tenant un agneau et gardant un troupeau de moutons; un Seigneur et une Dame dans la campagne; un Faneur; un Moissonneur; un Paysan vannant du blé; un Paysan remplissant des tonneaux de vin; un Semeur; un Gardeur de porcs abattant des glands; un Paysan flambant un porc.* On remarque dans ces petites peintures de nombreux détails de costume et d'architecture rurale.

Les grandes miniatures sont peintes aux revers des feuillets, avec des rectos en blanc.

La première (f. 14) représente *la Sainte-Face* ou sainte Véronique tenant le linge avec l'empreinte du visage de Jésus-Christ. La scène est placée à ciel ouvert, en avant d'un château fort aux murs crénelés, par-dessus lequel apparait une campagne accidentée. La sainte est représentée sous les traits d'une matrone, coiffée d'une sorte de turban sous lequel passe un chaperon blanc, qui ne laisse voir que l'ovale du visage et retombe sur le buste en forme de draperie festonnée. Il contraste vivement avec le manteau rouge de la sainte. Sa physionomie, très expressive, est d'un beau caractère. L'effigie du Christ est traitée avec toute l'ampleur hiératique, et elle est d'un modelé étonnant de précision dans les moindres détails.

Cette superbe peinture est enchâssée dans un cadre architectural dont le montant de gauche offre, au-dessus d'une coupole, un écusson aux armoiries du pape Alexandre VI : *Parti : au 1, de sable à 2 pals d'or* (qui seraient les armes de son père Geoffroy LLANZOL, ou

Geoffroy Borja y Doms); *au 2, d'or à un bœuf de gueules sur une terrasse de sinople* (qui sont celles de sa mère Isabelle Borja, nom italianisé en Borgia, sœur du pape Calixte III). Cet écusson est surmonté de la tiare, et deux clés en sautoir passent derrière l'écu. La première moitié de ces armoiries est répétée, également avec les insignes de la papauté, dans le montant opposé. La partie inférieure du cadre contient une cuve monumentale (peut-être des fonts baptismaux), posée dans un pré où se prélassent deux lapins blancs. — La page en regard est renfermée aussi dans un cadre architectural en camaïeu or, et sur la tablette du bas est un vase avec des œillets rouges. L'initiale S du texte de l'Oraison à Sainte Véronique est formée d'un dragon et d'un serpent verts sur un fond rouge.

Les Heures de la Croix qui suivent ont pour frontispice (f. 16) le *Crucifiement*. L'artiste y a fait preuve de grandes connaissances en anatomie dans le dessin des trois crucifiés. La Madeleine, à genoux, entoure la croix de Jésus de ses bras et tient la boite aux onguents. Sur le devant à gauche, la Sainte Vierge agenouillée contemple avec douleur son divin fils, prête à défaillir, soutenue par saint Jean placé derrière elle. A droite est le chef de l'escorte monté sur un cheval blanc et vêtu d'un manteau rouge avec col et parements blancs. Auprès de lui, deux soldats, visibles seulement en partie. Dans le fond est figurée la ville de Jérusalem entourée de murailles, avec son Temple que l'artiste fit surmonter du croissant de l'Islam. Au cadre architectural de cette peinture est adossé, dans le bas, un autel portant les objets nécessaires pour la célébration de la messe. — Dans l'encadrement de la page en regard, sont représentés tous les emblèmes de la Passion.

Les Heures du Saint-Esprit portent en tête (f. 22) l'image de la *Descente du Saint-Esprit*. La Vierge occupe le centre de la composition. Saint Jean est auprès d'elle. Huit autres apôtres sont groupés à droite, et deux sont agenouillés à gauche. La réunion a lieu dans une chambre à haute cheminée, avec plafond aux poutres apparentes. Contre la paroi de face est adossé un bahut supportant une sainte image abritée par un rideau. Une porte ouverte laisse voir une place et des maisons. L'encadrement architectural de cette page diffère des précédents. La partie supérieure est formée d'une suite de portiques cintrés, dont les ouvertures sont peintes en rouge et parsemées de quatrefeuilles. La partie médiane et le soubassement, à fond gris,

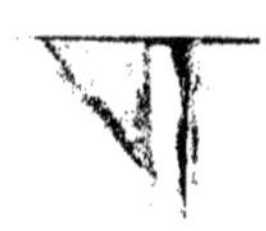

sont garnis de fleurs et d'un fraisier avec ses fruits. Trois banderoles avec inscriptions sont enroulées dans le haut et dans le bas. — L'encadrement de la page en regard est similaire, sauf qu'au centre du soubassement est figuré le Saint-Esprit.

La Messe de la Sainte Vierge, qui vient ensuite, est précédée (f. 27) d'un ravissant petit tableau, représentant la *Vierge avec l'Enfant Jésus entre deux anges musiciens*. Scène de plein air. La Vierge, assise sur un tertre gazonné le long duquel court une banquette de maçonnerie, tient sur ses genoux l'Enfant Jésus tout nu, posé sur un linge blanc. Elle est d'une beauté calme et sa chevelure blonde est retenue au front par un bandeau tressé de noir et d'or. L'Enfant est adorable de forme et d'expression. Les anges se tiennent debout; l'un joue de la viole, l'autre de la mandoline. Par derrière s'étend la vaste cour d'un superbe château seigneurial à deux étages, avec une tour polygone; ses dépendances se prolongent vers la gauche. Au delà se profilent des coteaux boisés. Le montant extérieur de l'encadrement est occupé par un arbre fleuri de caractère fantaisiste. Un enfant nu, assis à califourchon la tête en bas, menace de sa massue un dragon qui sort de la base évidée du tronc. C'est du pur symbolisme. Le reste du cadre est rempli par des fleurs et des fruits. — Celui de la page en regard offre aussi dans sa bordure extérieure un tronc d'arbre fleuri entre les branches duquel est niché un oiseau. Au pied de l'arbre broute un lapin blanc. Des roses, des fraises, des myosotis, des papillons et un limaçon garnissent les trois autres côtés.

Les Heures de la Vierge a l'usage de Rome (f. 36) ont pour peinture l'*Annonciation à la Sainte Vierge*. Nous nous trouvons là dans une belle chambre à coucher. A droite, un somptueux lit à baldaquin d'étoffe verte doublée de rouge, avec couverture de cette dernière couleur et un oreiller blanc. Une chaire massive en bois avec un coussin vert est auprès du lit. Le plafond est en bois et voûté. Sur le devant, à droite, la Sainte Vierge, à genoux devant un prie-Dieu, est tournée, pensive et pleine d'une douce résignation, vers l'archange Gabriel qui lui fait part de son message. Il est vêtu d'une aube et d'une riche cape, et tient un sceptre dans la main gauche; sa tête est ceinte d'un diadème surmonté d'une croix. Dans le haut, Dieu le père apparaît dans l'embrasure d'une fenêtre, et le Saint-Esprit descend dans un rayonnement. L'encadrement est purement architectural. — Celui de la page en regard est du même style, mais plus intéressant. On y voit des statuettes de saints et. dans le soubassement, est une table avec un livre ouvert.

La miniature suivante (f. 50) a pour sujet la *Visitation de sainte Elisabeth*. La rencontre a lieu sur une route au milieu d'un paysage montueux. La Vierge, dont la position est largement accentuée, serre la main de la sainte matrone, vêtue d'un costume semblable à celui de sainte Véronique. Elle porte, par-dessus un corsage à manches de brocart d'or, une robe écarlate à mi-manches garnies de fourrures. C'est le riche costume des dames âgées usité dans les Flandres au xve siècle. A droite, sur une hauteur, est un groupe de maisons; à gauche, dans une vallée, une belle église gothique. L'encadrement, de même que celui de la page en regard, est rempli de fleurs, d'insectes, etc.

La représentation de la *Nativité de Jésus-Christ* (f. 59) est charmante. Dans une étable en maçonnerie, à gauche, la Sainte Vierge agenouillée contemple son divin Enfant couché sur un pan de son manteau. Deux anges sont en adoration devant lui du côté opposé. Derrière eux, saint Joseph, vêtu d'un manteau écarlate avec capuchon bleu, est à genoux dans une attitude dévotieuse et sa physionomie exprime à merveille ses sentiments de piété. Derrière la Vierge, le bœuf et l'âne debout. Une large baie découvre une église attenant à l'étable et donne vue sur une campagne avec un château dans le lointain. Sur l'appui de cette baie est accoudé un berger, et un autre se tient auprès de lui. Encadrement de fleurs et de fraises, avec papillons et limaçons, et de même à la page en regard.

Nous assistons ensuite (f. 63) à l'*Annonciation aux bergers*. Ils ne sont que deux, l'un debout, l'autre un genou en terre, et leurs regards se dirigent vers l'ange qui plane dans l'espace. Les moutons eux-mêmes sont attentifs. Paysage accidenté, avec ville fortifiée et châteaux. L'encadrement de cette page et de la suivante offre une combinaison de rinceaux, des produits de la flore et de la faune.

L'*Adoration des Mages* (f. 67) est représentée dans l'étable même. La Vierge est assise à droite avec l'Enfant. Le premier roi est à genoux, les mains jointes; son chapeau et une coupe remplie de pièces d'or sont posés à terre. Le second roi, portant un ciboire, est en arrière, et entre eux deux se tient un roi nègre avec un reliquaire. Derrière un rideau vert, à droite, on aperçoit saint Joseph auprès du râtelier du bœuf et de l'âne. L'ouverture d'une porte laisse voir les ruines d'un monument. Encadrements de fleurs variées, d'insectes, etc.

La *Présentation de l'Enfant Jésus au Temple* (f. 71) constitue une composition remarquable et d'un réalisme parfait. A droite, Siméon tient l'Enfant Jésus de ses deux mains. La Vierge, d'une réserve séduisante, est en face de lui, suivie de saint Joseph qui porte un cierge allumé. Derrière le prêtre est son acolyte, la tête tonsurée. De l'autre côté de la table se tient une matrone. Au mur est appendue une belle pendule gothique. Encadrements de style architectural.

Le *Massacre des Innocents* (f. 75) est plus particulièrement intéressant pour les costumes, les armures et l'architecture civile. Une femme, pressant son enfant contre sa poitrine, est renversée par terre et elle se défend, à l'aide d'une petite pelle, contre un soldat qui la menace de son sabre. Au second plan, une autre mère est poursuivie par un second soldat. A gauche, trois maisons bourgeoises d'aspect différent. A droite, un paysage avec rivière, pont et de hautes montagnes dans le lointain. Encadrements de fleurs, avec un oiseau et des insectes.

La *Fuite en Égypte* (f. 81) est délicieuse. La Vierge, assise sur un âne, tient entre ses bras l'Enfant Jésus endormi qu'elle regarde avec une tendresse très expressive. Saint Joseph, dont le visage reflète une vive préoccupation, conduit la monture par la bride. Paysage très montueux avec plusieurs châteaux. Encadrements de fleurs, avec un oiseau et des insectes.

La miniature placée en tête de l'Office de la Vierge pour l'Avent a pour sujet le *Couronnement de la Vierge* (f. 86), dans un beau cadre architectural, totalement différent de celui de la page en regard.

La série de grandes miniatures est interrompue par une petite, sous forme d'initiale A, commençant le Canticum graduum (f. 94 r°). Sur le devant, un seigneur et une dame, en costume de l'époque, mais avec la tête nimbée, personnifient *saint Joachim et sainte Anne*, et au fond la petite Sainte Vierge gravit l'escalier conduisant au Temple. Cette page n'a qu'une bordure sur trois côtés, décorée de fleurs et d'insectes.

La quatorzième grande miniature (f. 102), placée en tête des Sept Psaumes pénitentiaux, représente le *roi David en prière*, vêtu d'une robe écarlate avec un large col blanc et laissant voir les manches en brocart d'or de sa robe de dessous. Sa harpe est appuyée contre le parapet d'un pont jeté sur un canal qui passe sous la voûte d'un bel édifice à plusieurs corps, dans lequel on est autorisé à voir le célèbre HOPITAL DE SAINT-JEAN DE BRUGES. Dieu le Père se montre dans un coin du ciel à droite, tenant trois flèches dans sa main. Encadrement architectural, avec niches et statuettes; dans le soubassement, deux griffons tenant chacun un écusson. — Le cadre de la page en regard renferme d'un côté un curieux édifice gothique.

La quinzième et dernière grande peinture (f. 118) nous fait assister à la scène de la *Résurrection de Lazare*. C'est un tableau ravissant. Le ressuscité sort de sa tombe sur un geste de Jésus-Christ. Auprès de celui-ci, au premier plan à gauche, est agenouillée Marthe, sœur de Lazare, et derrière elle se tient debout Marie, la seconde sœur. Un groupe d'apôtres est derrière le Christ. A une certaine distance, au centre, au delà du mur du cimetière, quatre personnages regardent le miracle avec étonnement et dépit : ce sont les ennemis du Christ. L'un d'eux est coiffé du cuculle, ou capuchon pointu avec bouts retombant par devant. En arrière de ce groupe s'étend une vaste place, bordée à gauche de maisons, et limitée au fond par un château aux murs crénelés, dans l'enceinte desquels s'élève un bel édifice religieux. Des arbres garnissent le côté droit de la place. L'encadrement de cette miniature et celui de la page en regard sont d'un agencement à peu près identique avec ceux des ff. 22 et 23, sauf la différence de la couleur des fonds qui sont ici d'un gris foncé. Les compartiments de ces cadres sont remplis par des fleurs et des banderoles avec inscriptions.

On trouvera au Catalogue illustré des reproductions de la quatrième et de la dernière de ces belles peintures.

Nous passons maintenant à la série de petites miniatures renfermées dans des initiales. Les pages qui les contiennent ne sont encadrées que sur trois côtés, mais avec non moins de richesse d'ornementation. Ces miniatures représentent : 1° *la Pietà* (f. 149), en tête d'une Oraison à la Sainte Vierge; encadrement de roses, avec un paon, un autre oiseau et des papillons; — 2° *s. Michel* (f. 160) ; encadrement d'iris et de papillons; — 3° *s. Jean-Baptiste* (f. 160 v°), et 4° *s. Pierre* et *s. Paul* (f. 161); l'encadrement de ces deux pages en regard est composé d'œillets rouges et de papillons; — 5° *s. Jacques* (f. 161 v°), et 6° *s. Sébastien* (f. 162); l'encadrement de ces deux pages en regard est particulièrement intéressant pour l'archéologie :

il consiste en vingt-cinq reproductions de MÉREAUX ou jetons ecclésiastiques; — 7° *s. Roch* (f. 163); encadrement de roses et de myosotis avec insectes; — 8° *s. Onuphre* (f. 163 v°); encadrement de rinceaux et de fleurs, avec oiseaux et papillons; — 9° *s*^te^ *Anne* (f. 164 v°), et 10° *s*^te^ *Marie-Madeleine* (165); l'encadrement de ces deux pages est composé de violettes, d'oiseaux et d'insectes; — 11° *s*^te^ *Catherine* (f. 165 v°), et 12° *s*^te^ *Barbe* (f. 166); l'encadrement de ces deux pages est formé de rinceaux avec fleurs, oiseaux et insectes; — 13° *s*^te^ *Lucie* (f. 166 v°), et 14° *s*^te^ *Eulalie* (*Cularia*) (f. 167); l'encadrement de ces deux pages consiste en riches rinceaux glandés en camaïeu or, avec oiseaux et fleurs. Ces miniatures décorent le Propre des Saints.

Les quatres dernières (ff. 171, 182, 191 et 200) représentent les quatre *Evangélistes*, et leurs encadrements sont composés de fleurs et d'insectes.

Il faut encore mentionner, pour compléter la richesse ornementale de ce volume, les centaines d'initiales de toute grandeur et de bouts de lignes disséminés dans le texte et peints en or et en couleurs éteintes.

L'exécution de cet admirable manuscrit se place entre les années 1492 et 1503, qui sont celles du pontificat d'Alexandre VI. Plusieurs artistes, d'un talent inégal, y ont concouru, mais il n'est pas téméraire d'attribuer les plus belles des grandes miniatures à l'un des élèves du sublime Memling (mort en 1495). Elles sont d'un compositeur excellent, très familiarisé avec les lois de la perspective et habile dans l'art de la mise en scène pittoresque. Le nu est dessiné d'une manière remarquable, les têtes sont modelées avec finesse, et par-dessus tout on y remarque la préoccupation constante de rendre avec vérité l'expression individuelle.

La partie ornementale empruntée à la nature est une pure merveille, et sous ce rapport il y a peu de manuscrits qu'on puisse mettre en parallèle avec celui-ci. Toute la flore indigène décorative a été mise à contribution par le peintre des encadrements. On y voit des cyclamens, des violettes, des marguerites multicolores, des ancolies, des iris, des lys, des gueules-de-loup, des obélias, des pois de senteur, des myosotis, des œillets, des coquelicots, des bleuets, des liserons, et surtout des roses blanches, roses et rouges. Un seul fruit y a été employé : celui du fraisier, mais l'ornemaniste a su en tirer de charmants effets décoratifs. Recherchant ce qui pouvait s'harmoniser le mieux avec les produits de la flore, l'artiste n'a pris dans le monde animal que quelques êtres gracieux, aux nuances chatoyantes et variées, et il a montré une prédilection particulière pour les papillons. Tout cela est combiné avec un art exquis, dans une harmonie parfaite d'agencement et de coloris, et la fidélité du rendu ne saurait être surpassée.

Ce qui augmente la séduction de ce volume luxueux dans ses moindres détails, c'est sa fraicheur incomparable, c'est son éclat merveilleux. Des mains du pape Alexandre VI, il dut passer entre celles de son fils Jean, duc de Gandia, dont les descendants existent encore en Espagne, et c'est en effet de ce pays qu'il a été rapporté à Paris, il y a plus de trente ans, et acquis par son propriétaire actuel.

C'est assurément l'un des plus beaux manuscrits flamands qui aient jamais passé en vente, et à l'intérêt considérable qu'il offre au point de vue de l'art, il joint celui de grand souvenir historique, attendu que jusqu'à présent c'est le seul manuscrit connu ayant authentiquement été fait pour le fameux pontife dont il porte les armes, et peut-être même le seul volume lui ayant appartenu en propre qui se soit conservé.

7. RECUEIL de lois, instructions, etc., rédigés pour son usage par Marc-Antonio Grimani, l'un des Procurateurs de Saint-Marc ; in-fol., de 8 et 80 ff. ch. ; rel. vénitienne du XVIe siècle.

Beau manuscrit sur VÉLIN, écrit en 1565 et orné d'un grand nombre de jolies initiales peintes en or sur fond rouge ou bleu.

La table des matières commence par cette rubrique : *In nomine Dei æterni. Amē. Incipit Repertorium Commissionis Clarissimi Dñi* MARCI ANTONII GRIMANI. *Procuratoris Sancti Marci super Commissariis de ultra Canale constituti* (sic).

Au bas du f. 74 v°, on lit : *Presbyter* IOANNES VITALIS *de Brixia scribebat hunc librum Anno Incarnationis Domini. M. D. LXV.*

Le texte de ce manuscrit, en partie en latin, en partie en italien, est d'un très grand intérêt pour une foule de détails touchant l'organisation judiciaire, administrative et financière de la république de

Venise, et même la topographie de cette cité et de ses dépendances.

Il est revêtu d'une superbe reliure en maroquin brun couvert de rinceaux dorés dans le style oriental, avec des compartiments découpés en creux et garnis d'ornements en relief sur un fond d'or.

On trouvera au Catalogue illustré une reproduction de ce chef-d'œuvre.

8. TRAITÉ DE JURISPRUDENCE basé sur les traditions de Mahomet, rédigé par Mouslim; in-fol., de 422 ff.; rel. arabe.

Superbe manuscrit arabe, sur papier, décoré avec un grand luxe. Chaque page est entourée d'un cadre formé d'un listel doré, bordé d'un double trait en bleu et rouge. Chaque article (et il y en a plus d'un millier) est précédé d'un titre en lettres d'or, accompagné d'ornements très variés, d'où résulte un effet éclatant. Trois pages, au commencement et à la fin du volume, offrent une décoration extrêmement riche, en or et en couleurs.

Il est revêtu d'une fort belle reliure en maroquin rouge avec des creux garnis d'ornements en relief et une triple bordure filigranée; elle est doublée de maroquin brun avec ornements jaspés en or et une mince bordure ciselée. Tranches représentant de beaux rinceaux en or vert.

Une inscription en arabe, munie d'un cachet, atteste que cet exemplaire a été légué à la grande mosquée d'Oran par Hadji Osman, bey de Mascara, en l'année 1225 de l'hégire (1809).

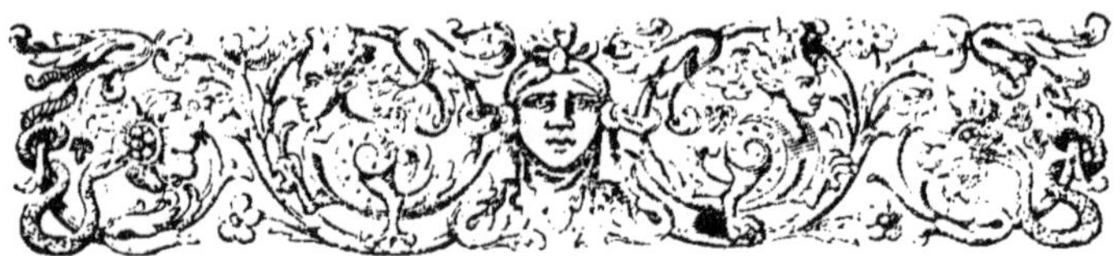

RELIURES

Voir aussi les nos 7 et 8.

9. Il Petrarcha colla spositione di misser Giovanni Andrea Gesvaldo. Alla illustriss. signora donna Maria di Cardona la signora Marchesana di la Palude. *Stampato in Vinegia per G.-A. di Nicolini e fratelli da Sabbio,* 1541, in-4, rel. du temps, tr. dor. et ciselées.

Édition fort rare, avec un commentaire estimé.

Belle reliure italienne en veau brun antique, avec arabesques, entrelacs, mosaïque de couleurs vert, bleu, blanc. Dans le cartouche du milieu, le titre du volume est frappé en or.

10. Sonetti, Canzoni, e Triomphi di messer Francesco Petrarcha con la spositione di Bernardino Daniello da Lucca. *Vinegia, per Giovanniantonio de Nicolini da Sabio,* 1541, in-4, réglé, lettres italiques; rel. du temps, tr. dor. et ciselées.

« Texte très pur, impression correcte », dit Brunet.

Superbe reliure vénitienne, d'une composition fort gracieuse, avec encadrements de filets et de dentelle, milieux dorés avec arabesques et fers azurés, ornements aux angles, *doublé* de maroquin rouge découpé et incrusté sur des losanges fond or et bleu.

Certaines pages du volume sont ornées d'un encadrement or et couleurs, avec fleurs; dans un cartouche, on lit le monogramme Y. P. F.

11. Biblia sacrosancta Veteris ac Novi Testamevnti ixta vvlgatam editionem quorum alterum ad Hebraicam, alterum ad Græcam veritatem emendatum est diligentissime, vt noua editio non facilè desyderetur, et vetus tamen hic agnoscatur : adiectis ex eruditis scriptoribus scholiis, ita, vbi opus est, locupletibus, vt pro commentarijs sint : multis certe locorum millibus præsertim difficilioribus, lucem afferunt. Auctore Isidoro Clario. Ex secunda eius recognitione. *Venetiis, in officina hæredum Lucæ Antonij Iuntæ*, 1557, in-fol., rel. du temps, tr. dor.

Édition fort rare de cette révision hardie du texte de la *Vulgate*.

Superbe reliure en veau fauve avec encadrements mosaïqués de couleurs variées, plats recouverts d'arabesques, volutes, pointillé. Beau spécimen qui peut être comparé aux meilleures reliures exécutées pour Maioli.

Conservation parfaite.

12. Adnotationes et Meditationes in Evangelia quæ in sacrosancto missæ sacrificio toto anno leguntur... Auctore Hieronymo Natali Societatis Iesv Theologo. *Antverpiæ, excudebat Martinus Nutius*, 1594-1595, in-fol., titre gravé, maroq. rouge, tr. dor.

Volume orné d'un grand nombre de planches gravées sur cuivre par les Wierix et autres.

Très riche et très fraîche reliure du commencement du XVIIe siècle, à compartiments de filets courbes avec rinceaux, volutes, figurines, dauphins, petits fers, couvrant entièrement les plats.

13. BUVARD DE LA MARQUISE DE POMPADOUR, avec ses armes; in-folio, maroq. citron, large et riche dentelle sur les plats, avec fleurs mosaïquées bleu et rouge, doublé de tabis, dos orné.

Longueur : 38 centimètres. Largeur : 24 centimètres.

On trouvera au Catalogue illustré la reproduction de cette œuvre du relieur LOUIS DOUCEUR.

14. Reliure de forme triangulaire, maroq. rouge, dos orné, larges dent. à petits fers, avec ornem. symboliques sur les plats; armoiries, tr. dor.

Ce volume ne renferme que du papier blanc, mais il devait contenir dans le principe les statuts d'une loge de francs-maçons. La reliure est du siècle dernier.

Dans la dentelle intérieure, on lit, frappé en or : « *Présenté par le frère Chaumont* ».

15. Le Calendrier de la Cour, pour l'année bissextile 1764. *Paris, Hérissant*, 1764, in-16.

Reliure en maroquin blanc crème, compartiments dorés et mosaïqués de maroq. rouge et vert, et de paillons mica ; armoiries peintes à la gouache, sous mica.

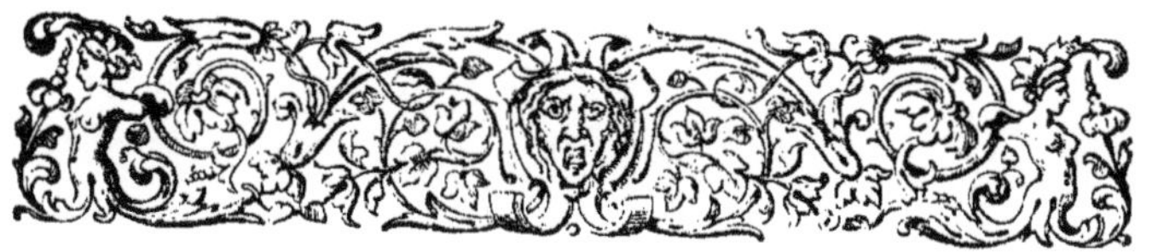

COFFRETS

16. Coffret rectangulaire à couvercle bombé en bois revêtu de cuir noir ciselé et gravé à feuillages; serrure et garnitures de fer. XVe siècle.

    Haut.: 9 cent. Long.: 14 cent.

17. Coffret rectangulaire à couvercle bombé en bois revêtu de cuir brun doré au fer: décor de sujets de chasse encadrés de rinceaux. XVIIe siècle.

    Haut.: 20 cent. Long.: 24 cent.

www.ingramcontent.com/pod-product-compliance
Ingram Content Group UK Ltd.
Pitfield, Milton Keynes, MK11 3LW, UK
UKHW031727170726
13836UKWH00001B/489

9 782329 597645